DE LA FORCE DES CHOSES.

CONSIDÉRATIONS POLITIQUES,

APPLIQUÉES AU CONGRÈS DE VÉRONE.

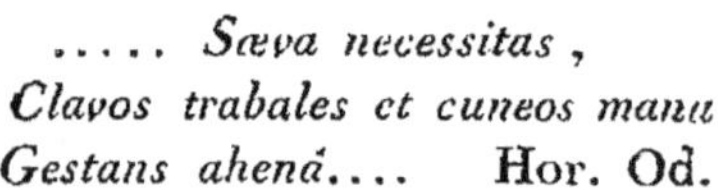

..... *Sæva necessitas,*
Clavos trabales et cuneos manu
Gestans ahená.... Hor. Od.

Inflexible nécessité, dont la
main d'airain unit ou divise...

PAR F****

A PARIS,

CHEZ PONTHIEU, LIBRAIRE,

PALAIS-ROYAL, GALERIE DE BOIS, N° 252.

1822.

AVERTISSEMENT.

L'europe est mal constituée ; les vices
de sa constitution sont : 1° Dans l'opposition plus ou moins vive qu'on observe
presque partout entre les besoins et les
institutions. Quelque importante que soit
une telle matière, les considérations qu'on
va lire n'ont pas pour objet de s'en occuper.
2° Dans les rapports politiques qu'a fait
naître la chute de la domination française
sur le continent : ces rapports, qui ont
détruit tout équilibre (1) entre les Etats de
l'Europe, vont être soumis à l'analyse : non
que l'on ait ici la prétention de les refaire,

(1) On entend, dans cet ouvrage, par équilibre, les
rapports politiques des puissances entre elles, et l'action
que chacune d'elles excerce sur la masse des intérêts
communs.

ils tendent bien à se refaire seuls par cela même qu'ils sont vicieux ; mais quand on aura lu ce petit nombre de pages, peut-être faudra-t-il convenir que les questions de régime intérieur ne sont pas, pour chaque gouvernement, d'un intérêt aussi prochain que celles qui tiennent au système de la confédération européenne.

DE LA FORCE

DES CHOSES.

CONSIDERATIONS POLITIQUES,

APPLIQUÉES AU CONGRÈS DE VÉRONE.

Il est dans l'état social une puissance plus forte que les coalitions, qui se joue des hommes d'état, et des combinaisons de la politique : elle agit sans cesse ; son action est inévitable, irrésistible.

Servant le pouvoir et la liberté, dispensant les prospérités et les disgraces, dominant même l'opinion, cette reine du monde, elle seule, tient dans sa main la destinée des empires.

Mobile secret et prompt comme la pensée, elle n'est connue du vulgaire que par les coups qu'elle frappe.

Le génie poétique des anciens l'avait personnifiée sous le nom de *la fortune*. L'esprit philosophique des temps modernes l'a reconnue dans

I

la nature des choses, dont elle est le résultat nécessaire, et l'a définie, par analogie, *la force des choses.*

Cette force serait-elle aveugle, comme on représentait *la fortune*? Dans ce cas, pourquoi substituer une idée confuse à une grande et belle image?

Sans doute il n'en est pas ainsi : l'intelligence humaine n'enfante pas toujours des théories stériles. S'il est vrai que par l'observation précise de tous les faits qui constituent la société, et par une analyse sévère de leur nature, on puisse être conduit à la révélation de ses combinaisons éventuelles, la *force des choses* sera soumise à une sorte de calcul ; les sciences politiques seront susceptibles d'atteindre ce degré de certitude morale qui satisfait les esprits raisonnables, et n'est plus un objet de controverse que pour l'ignorance ou la mauvaise-foi.

Appliquons ces considérations à l'état actuel de l'Europe ; et pour répondre à cette curiosité inquiète dont les regards fixés sur le congrès de Vérone interrogent déjà l'avenir, sachons ce que nous sommes, si nous voulons savoir ce que nous deviendrons.

Un trait caractéristique de l'époque présente est l'agitation qui travaille tous les esprits. On invoque ici des réformes ; là on provoque des mesures pour le maintien de ce qui est. Nous le déclarons d'avance : toute discussion de doctrines, toute question relative à telle ou telle forme de gouvernement nous est étrangère. Exposer les faits qui constituent aujourd'hui le système européen, voilà notre objet ; analyser dans l'intérêt général les rapports nouveaux que la dernière guerre a fait naître, et ceux que la politique a depuis consacrés, afin qu'on en puisse déduire toutes les conséquences probables, voilà notre méthode : le lecteur jugera des présomptions qu'elle va nous fournir.

Le Traité de Paris, 20 novembre 1815, est le dernier acte de la Confédération-européenne, stipulant dans l'intérêt de tous contre l'ennemi commun. Le but une fois rempli, cette coalition devait se dissoudre. Il est dans la nature des choses qu'un péril imminent fasse taire des rivalités, réunisse des intérêts contraires. Charles-Quint après la bataille de Pavie excite la jalousie de l'Europe : ses alliés deviennent aussitôt ses ennemis. Henri VIII, Clément VII, les Vénitiens, les Florentins et les Suisses forment contre lui une ligue dont le pape est le chef, et que par cette raison on appelle *sainte* (1). Plusieurs années après, l'Allemagne-protestante signe contre le

---

(1) *Sainte Ligue*, (1526).

chef de l'Empire la Confédération de *Schmalkade*. Louis XIV aspire, dit-on, à la monarchie universelle ; il soumet les Pays-Bas, passe le Rhin et s'empare de presque toute la Hollande (1) ; l'Europe conjurée lui arrache ses conquêtes, et le force à défendre ses propres États. Cependant, le péril passé, l'ennemi vaincu, chacun rentre dans sa condition respective ; et si la victoire a fait naître, ou si antérieurement il existait entre les confédérés, une opposition de rapports, la politique s'efforce en vain de la déguiser : cette opposition appelle des combinaisons nouvelles ; d'autres coalitions se forment, et c'est ainsi que s'accomplissent les destinées des empires, inscrites dans un cercle de guerres toujours renaissantes.

De nos jours, l'union a survécu à la victoire. Quatre Puissances ont fait entre elles un pacte spécial, dont plusieurs clauses sont demeurées secrètes. L'objet avoué de ce pacte était le maintien de la paix, sur les bases qu'on venait d'établir. La paix est de sa nature une chose si excellente que, sans autre examen de la solidité de ses fondemens, l'alliance qui la cimentait fut appelée *Sainte*. Les Puissances d'un ordre inférieur acceptèrent cette garantie, soit qu'elle leur inspirât assez de confiance, soit qu'elles

____

(1) Conquête de la Hollande (1672).

fussent dans l'impuissance de la refuser. L'Europe ainsi constituée, ses craintes, ses espérances, les actes de chacun de ses gouvernemens, lois, institutions, police, tout, dès lors a dépendu de cette puissante association. Au milieu d'une telle complication d'intérêts, les relations ordinaires de la diplomatie sont devenues insuffisantes : il a fallu des congrès, des réunions de ministres, de souverains.

Quand on réfléchit aux travaux pénibles auxquels se livrent depuis sept ans, et avec une persévérance infatigable, tant d'hommes d'état ; quand on considère le nombre de congrès qui se sont assemblés dans cet intervalle, on se demande, avec une sorte d'inquiétude, si la paix est donc une œuvre qu'il soit si difficile de maintenir. Serait-ce que l'ennemi qu'on a vaincu est encore redoutable ? Mais la France n'est plus à craindre pour l'Europe : après avoir long-temps troublé le repos d'autrui, elle n'aspire qu'à jouir désormais du sien. La difficulté viendrait-elle des vainqueurs, de leurs rivalités antérieures, ou de la situation dans laquelle les a placés le succès ? Lorsque la force a détruit l'œuvre de la force, sur quelles bases l'ordre a-t-il été rétabli ? Sans doute un système improvisé au milieu des camps a dû se ressentir de l'exaltation de la victoire. Néanmoins, quand la justice n'aurait pas consacré tous les droits, quand la prudence aurait négligé de grands intérêts sociaux, telle est l'autorité des quatre Puissances, que la paix qu'elles ont dictée et dont elles sont les garans, ne peut être troublée que par elles. Qu'on s'épargne le soin de calculer les aberrations de leur politique dans une autre sphère que celle de leurs intérêts, sous d'autres rapports que ceux de l'équilibre établi entre elles.

Des esprits superficiels ont pu croire qu'une surveillance minutieuse du régime intérieur de quelques États occupait exclusivement les modérateurs de l'Europe : les déclarations des premiers congrès étaient en effet de nature à répandre une telle opinion. Sans examiner si cette surveillance était nécessaire, et si l'ordre n'était pas compromis par cela seul qu'on le déclarait partout menacé; sans approfondir si toutes les vues étaient désintéressées, et si le bien public n'était pas un prétexte spécieux pour couvrir des desseins moins honorables, les actes de la Sainte-Alliance n'avaient, il faut l'avouer, d'autre caractère que celui d'une inquisition peu équivoque. Quoique l'Angleterre, par la force de ses institutions, et la Russie par la forme de son gouvernement, fussent à l'abri du danger des innovations, les principes qui condamnaient les novateurs n'en étaient pas moins promulgués en commun. Les publicistes n'étaient pas d'accord sur toutes ces doctrines; mais comme elles étaient accompagnées d'une haute improbation donnée à tout système d'exagération, l'opinion publique y voyait une sollicitude louable pour écarter des prétentions également dangereuses. Ces gens, qui dans la société se portent pour médiateurs entre des intérêts opposés, comptaient beaucoup sur le temps pour mûrir les fruits de cette politique : le temps, qui amortit les haines, éclaire l'inexpérience, devait, disaient-ils, amener sans secousse toutes les modifications dont on pourrait à présent contester l'opportunité. Toutefois, cette police, d'un ordre nouveau, paraissait servir le pouvoir en général; mais personne ne s'était avisé de rechercher si chacun des cabinets qui s'étaient arrogé le droit de l'exercer pouvait s'en promettre les mêmes avantages.

Sur ces entrefaites, le congrès de Leybach, et l'invasion de Naples et du Piémont, qui en furent la suite, placèrent la question sous un nouveau jour. Il ne s'agissait plus seulement de déclarations de principes : pour la première fois on en faisait l'application. Un acte d'exécution aussi peu ordinaire parut un problème difficile à résoudre. Tous les calculs du moins ne donnaient d'autres résultats apparens que ceux-ci :

Concert intime des quatre Puissances, craintes plus ou moins fondées du pouvoir, répression bien résolue de tout mouvement populaire. Cependant, le cours que prenaient les affaires d'Espagne et de la Grèce fixait l'attention de l'Europe : la réflexion fit naître des doutes sur les conséquences qu'on pouvait tirer des Déclarations de Leybach. Soixante mille Autrichiens occupaient l'Italie-Inférieure, mais aucune armée étrangère ne marchait contre la Péninsule. Les Russes se concentraient, il est vrai, dans leurs provinces méridionales; mais l'opinion commune voulait que ce fût plutôt pour servir la cause des Grecs que pour combattre l'insurrection. Deux ans se sont presque écoulés au milieu d'événemens extraordinaires; les intérêts européens se sont chaque jour compliqués davantage; les communications diplomatiques sont devenues plus fréquentes, sans que les cabinets aient cru devoir expliquer ces contradictions, sans que la politique ait essayé d'en pénétrer le mystère. Toutefois, nous voici arrivés à ce point que les faits vont suffire pour jeter quelque jour sur tant d'obscurité : leur nombre, leur importance, leur maturité, comme autant de principes féconds, ne peuvent rester plus long-temps sans résultats.

On a vu par ce qui précède que l'Europe, de

quelque nature que soit la Sainte-Alliance , est
de fait sous la dépendance de quatre Puissances.
Maintenant, y a-t-il entre elles identité de situation, parité de forces , égalité de pouvoir ? l'équilibre dépend de ces conditions réunies, ou bien
il est soumis à d'autres loix si ces conditions ne
s'y trouvent pas. Il n'existe en effet que deux ac-
tions pondérantes placées chacune dans un bas-
sin de la balance politique. Quel est le sytème de
cette pondération ? quels effets tend-il à produire ?

Lorsque l'on vit la Confédération rester sous
les armes, après le traité de Paris, on se de-
manda quels ennemis lui restaient à vaincre.
Quelqu'effort quelle fit pour donner de la con-
sistance à un danger plus spécieux que réel , on
sentit qu'il était au moins permis de douter de
la stabilité d'un ordre de choses qui rendait né-
céssaire la permanence d'un état militaire aussi
formidable. Les contributions imposées à la
France pouvaient sans-doute alléger pour un
temps le fardeau des confédérés ; mais ceux-ci
ignoraient-ils que ces ressources auraient un
terme, et que l'entretien de tant de soldats de-
viendrait à la longue une charge pesante pour
leur propre pays ? Toutefois, l'Angleterre mit
son armée sur le pied de paix. Si elle suivit en
cela les conseils d'une sage économie, elle fit ,
en laissant le continent armé, une faute irrépa-

rable. Cette faute lui coûta en un jour la prépondérance que vingt-cinq ans de guerres lui avaient acquise. Il est vrai que la situation était embarassante. L'opposition réclamait une réduction dans l'armée, et l'opinion publique était sur ce point d'accord avec elle. D'un autre côté, ses ministres avaient quelques raison de croire que la compression excercée sur le continent dans les intérêts du pouvoir, aurait sur le système de leur administration intérieure un réaction salutaire. Entre ces deux considérations, et le danger de laisser tous les moyens d'exécution dans les mains d'autrui, le cabinet de Londres ne balança pas ; mais en se fiant à ses alliés, il tomba sous leur dépendance, et s'il ne fut pas totalement exclu de la direction générale des affaires, du moins il n'eut plus que la part qu'on voulut bien laisser à son amour-propre. Ces assertions ont besoin de preuves, les voici.

Avant le premier acte de partage de la Pologne, l'Europe vivait sous un régime dont la législation datait de la paix de Westphalie. Malgré les grandes modifications que le temps avait introduites, les traités de Munster et d'Osnabruck avaient été regardés jusqu'alors comme la base de son droit public. Telle était la sagesse de ce beau sytème, qu'au milieu de l'étonnante complication d'intérêts qu'amenèrent les successions d'Espagne et d'Autriche , l'ambition ni l'intrigue, les haines ni les rivalités ne purent consommer sa ruine. L'œuvre du génie, quoique mutilée, avait survécu aux passions. La constitution vicieuse de la Pologne, les orages fréquens de ses diètes, l'élection de son dernier roi, imposé par une cour voisine, furent les symptômes qui annoncèrent un changement dans l'équilibre Européen. L'inaction de la France, livrée à des intrigues de cour sur la fin d'un règne durant lequel elle n'avait pris part aux affaires que pour commettre des fautes, cette inaction jointe aux débats imprudens que l'Angleterre commençait d'avoir avec ses colonies d'Amérique, fut pour l'Europe le terme de la durée de son vieux système. Une alliance inattendue consomma le premier partage des provinces polonaises , et signa'a au monde politique l'ère d'un système nouveau. Cependant la situation de la France n'était plus la même. Un jeune prince monté sur le trône donnait déjà de hautes espérances. Un mouvement prodigieux dans les esprits avait succédé tout-à-coup à l'apathie du dernier règne. Une politique plus généreuse qu'éclairée fit prendre à cette énergie une direction funeste. Au lieu d'arrêter les progrès de l'influence du nord en soutenant la Pologne et la Porte, le cabinet de Ver-

sailles s'engagea secrètement dans la cause de
l'indépendance et bientôt après entraîna ouver-
tement l'Espagne avec elle. Cette lutte dont le
théâtre était dans un autre hémisphère, déplaça
les forces de l'occident. Les trois puissances co-
partageantes délivrées de ce contre-poids n'é-
prouvèrent plus d'obstacle dans leurs projets
d'envahissement. L'Europe distraite par des événemens moins importans peut-être, pendant
que la Pologne tombait pièce-à-pièce, ne s'a-
perçut seulement pas qu'elle avait perdu ce
qu'elle appela long-temps le rempart de la chré-
tienté. Dans cet intervalle, l'Angleterre, après
une guerre infructueuse, avait fait avec ses colonies une paix tardive. Celle de Versailles (1783)
fut suivie de trop près par la révolution française pour que l'on pût espérer de voir le cabinet de Londres faire aux conseils d'une politique élévée le sacrifice de ses ressentimens. La
Russie était loin; ses alliés n'inspiraient point
d'ombrage. D'ailleurs, le démembrement de
quelques provinces méditerannées n'avait porté
aucun préjudice au commerce anglais. Au contraire, l'intervention de la France dans la guerre
d'Amérique était une injure récente, et l'oc-
casion de se venger semblait propice. L'Angleterre, dans cette situation, regardait une rupture
comme un acte de représailles. Mais ne voulant

porter à son ennemi que des coups assurés, elle parut dabord voir avec indifférence les mouvemens politiques qui commençaient à l'agiter. Soufflant en secret la discordre au dedans, préchant au dehors une croisade contre des innovations dont elle même avait donné l'exemple dans le siècle précédent, mais qu'elle présentait alors comme dangeureuses pour les autres états, l'Angleterre ne se montra sur la scène qu'au moment où la France, quoique victorieuse, lui semblait autant épuisée par ses triomphes que par ses convulsions. C'est ainsi que la main de Pitt avait ourdi cette trame fatale qu pendant un quart de siècle bouleversa le monde, et finit par le partager entre deux nations rivales, laissant à l'une l'empire exclusif de la mer, à l'autre la domination souvent contestée du continent. Ces deux nations étaient demeurées debout dans une attitude hostile. l'Angleterre consolait les disgraces de ses alliés, entretenait leur haine, ranimait leurs espérances. Ceux-ci toujours vaincus, osèrent une dernière tentative, et cette fois la fortune les servit mieux. Une témérité sans exemple fut le signal de la catastrophe d'une longue et puissante domination.

Le continent était libre, et l'Angleterre devait s'applaudir de sa persévérence pleinement satifaite dans ses intérêts les plus chers, ceux de sa marine, et de son influence, elle voyait l'Europe tributaire de ses colonies des deux Indes, et son autorité dans les transaction ultérieures, écartant toute concurrence préjudiciable à son industrie. Une politique facile lui disait de consolider de si précieux avantages. Que lui fallait-t-il pour cela? veiller au maintien d'un tel état de chose, plutôt qu'au triomphe de quelques doctrines; à l'indépendance du continent, plutôt qu'à son asservissement; tenir la balance entre tous les intérêts, et surtout se défier des vainqueurs bien plus que des vaincus. Une alliance est toujours sainte quand elle est juste; mais la justice ni la politique ne pouvaint avouer un système de surveillance humiliant pour les uns, inutile pour les autres, dangeureux pour tous. Ce système, il est vrai, offrait dans l'union des quatre puissances une garantie de la paix; mais où était la garantie de l'union? Le jour de la discorde ne devait-il pas tout remettre en question? que devenaient alors tant de sacrifices faits à la cause commune? voulait-on de gaîeté de cœur s'exposer aux conséquences d'une organisation essentiellement vicieuse? La fausse position ou se trouvait l'Europe tendait à la replacer sous la tutelle d'un seul homme, et, en vérité, ce n'était pas la peine d'avoir changé de maître. Vainement un ennemi formidable venait d'être abbattu; vainement l'armée anglaise lui avait porté le dernier coup; Watterloo pouvait consoler sa gloire des souvenirs d'Hoonscote, d'Anvers, et de la Corrogne; mais l'honneur d'avoir vaincu était l'unique avantage que laissait à la Grande-Bretagne la politique de ses négociateurs. Cependant l'Angleterre donna les mains au système de contributions de guerre adopté par le traité de Paris; la France payait; peu de réclamations étaient contestées; on éludait la difficulté d'un démembrement de provinces dont on avait d'abord conçu le projet, difficulté d'autant plus embarrassante que les deux puissances prépondérantes ne pouvaient par leur position géographique prétendre à cette sorte d'indemnité. Chacune d'elles se fit honneur de samodération, quoique l'une imaginât, sans fondement, que d'aussi fortes contributions imposées à un État devaient consommer la ruine de sa prospérité, et quoique l'autre, avec plus de raison peut-être, y vît une ressource fort opportune pour l'entretien d'une armée qu'elle ne conservait pas sans dessein : toutefois, s'il fallait un motif à cette attitude menaçante que gardait le continent, c'était surtout à l'Angleterre qu'il convenait de se montrer difficile. Consentir à laisser ses alliés sous les armes, était faire l'aveu de sentimens peu généreux, ou celui d'une singulière imprévoyance. Le continent était-il de nouveau menacé ? le cabinet de Londres semblait, en l'abandonnant, déclarer qu'il n'avait jusque-là fait la guerre que dans le seul intérêt de l'Angleterre. La paix était-elle assurée ? nul prétexte raisonnable n'autorisait l'entretien d'un tel état militaire ; au moins, les ministres anglais restaient avec désavantage dans la direction des affaires de l'Europe : quels que fussent désormais les événemens, ils étaient de tous les hommes ceux dont on avait le moins à espérer et le moins à craindre. L'exposition des faits va mieux faire connaître les aberrations de leur politique.

La mort imprévue de l'homme d'état sur qui reposait principalement le système de ses relations continentales, a jeté le cabinet de Londres dans une grande perplexité. Cet homme, déjà jugé par les résultats de sa conduite publique, n'était pas très-propre à retirer les intérêts de son pays des voies dangereuses dans lesquelles lui-même avait si puissamment contribué à les engager ; mais sa longue carrière ministérielle, la part immédiate qu'il avait prise à tout ce qui s'était fait jusqu'alors, lui donnaient une sorte d'autorité dont l'Angleterre eût aujourd'hui retiré quelque avantage. Ses rapports

intimes avec la plupart des souverains et des
ministres de l'Europe, lui avaient appris cette
langue si puissante des considérations qui tiennent à l'homme. Quiconque n'est pas étranger
aux affaires d'État sait quel empire donnent
souvent les positions individuelles dans les discussions d'intérêt public. Sans doute lorsque
les temps sont accomplis, les effets sortent nécessairement de leurs causes; alors les choses
sont tout, les hommes ne sont rien: mais avant
de faire l'aveu de ses erreurs passées par des déclarations de nouveaux principes, par d'autres
alliances d'intérêts, il est des transitions que
l'amour-propre se ménage, transitions souvent
nécessaires au succès de cette sorte d'apostasie,
et nuls instrumens ne sont employés avec plus
de succès sur les confins qui séparent ces deux
situations, que les mêmes mains qui ont édifié
ce qu'on va détruire. Ainsi, au commencement
de la révolution française, la dissidence d'une
partie de la noblesse contribua puissamment
à la chute de l'aristocratie; plus récemment,
le régime impérial avait recruté la sienne parmi
les transfuges de la république. On peut donc
s'attendre, sans qu'un pareil choix fasse rien
préjuger de ses déterminations prochaines, à
voir le cabinet de Londres envoyer au congrès
de Vérone ses anciens négociateurs. Du reste, il

ne saurait échapper à cette alternative : adopter une politique nouvelle, rechercher d'autres alliances, refaire le système européen, ou continuer à se contenter des démonstrations d'une stérile déférence, en échange de l'influence qu'il a perdue, et qui, passée en des mains plus habiles, doit servir tôt ou tard à l'accomplissement de vastes desseins.

Il faut le dire, elle fut inspirée par une politique profonde cette aggrégation d'intérêts hétérogènes qui rendit hostile, contre les réformes devenues nécessaires des institutions sociales, la nation pour qui ces réformes avaient eu l'effet le plus salutaire ; qui plaça les états représentatifs de l'Europe sous la surveillance d'un autocrate, et soumit la civilisation à la police d'un peuple non encore civilisé. Tel est l'amour naturel aux hommes pour la domination, qu'on pourrait concevoir une alliance de l'aristocratie européenne, en tant que partout l'aristocratie servirait également le pouvoir ; en tant que le trône et les intérêts populaires seraient partout incompatibles. Tous les gouvernemens ont-ils mûrement pesé les avantages et les inconvéniens d'une telle alliance ? Que le pouvoir placé entre des intérêts contraires, ceux de la noblesse et du peuple, pense ne devoir pas balancer dans le choix de ses auxiliaires, c'est une question que

le fait a généralement résolue aujourd'hui ; mais
une telle opposition d'intérêts est-elle universelle ? Tous les états ont-ils les mêmes institutions, les mêmes mœurs, les mêmes divisions
intestines à craindre ? Tel gouvernement s'im-
misce de la police intérieure de ses voisins, qui
rejetetrait hautement toute intervention étrangère dans la sienne propre. L'art de gouverner
est-il donc devenu si difficile, qu'un prince ne
puisse échapper aux dangers des commotions
populaires, sans compromettre son plus beau
droit, celui de la souveraineté ? L'appui qu'il va
chercher au dehors n'est-il pas aussi dangereux
que le péril qui le menace au dedans ? Voudrait-
on dire qu'il y a réciprocité dans ces rapports ;
que c'est une association d'intérêts communs à
tous les trônes ? Nous répondrons par les faits,
en nous adressant à la bonne-foi : Quelle action
exercent les autres états de l'Europe sur la police
intérieure de la Russie et de la Grande-Bretagne ?
Mais, dira-t-on, ces deux empires se suffisent à
eux-mêmes, et d'ailleurs l'ordre public n'y est
pas seulement menacé. Nous pourrions faire
observer que si un tel état de choses est dû à la
supériorité de lumières des deux cabinets, il
faut plaindre les autres du choix de leurs ministres ; mais de plus hautes considérations doivent
nous occuper : qu'il soit reconnu que l'Europe

(l'Angleterre et la Russie exceptées) doit être mise en surveillance ; que la dignité des trônes n'en soit pas blessée ; que la politique se soumette à cette dangereuse juridiction ; qu'animés du plus noble désintéressement, les cabinets de Londres et de Pétersbourg soient aujourd'hui disposés à veiller dans un parfait accord sur la paix publique ; qui peut affirmer que l'union des deux cours sera éternelle ? En cas de rupture, dans quelle perplexité ne se trouveraient pas les autres états ? Sollicité par deux puissances rivales, et trop faible pour pouvoir rester neutre, l'allié de l'une serait nécessairement l'ennemi de l'autre. Alors, mais trop tard, les princes eux-mêmes reconnaîtraient quelles suites funestes peuvent avoir ces associations monstrueuses d'une partie de leurs sujets avec l'étranger. Quel avantage, par exemple, de telles liaisons ne donneraient pas à l'Angleterre sur la France, dans le cas où ces deux puissances se trouveraient dans des rangs opposés ? En Angleterre, l'aristocratie placée par les institutions du pays immédiatement au-dessous du trône, est regardée, par le peuple, moins comme une ennemie de sa liberté que comme une garantie contre les invasions du pouvoir. L'état qui présenterait au contraire une opposition violente entre la noblesse et les autres classes de la société, serait exposé au danger le

plus déplorable, celui de voir ses divisions intestines fomentées par son ennemi avec toute l'influence de ses relations antérieures, avec tout
l'ascendant que prend alors l'esprit de parti sur
l'esprit public, et cela sans espoir de représailles.
Que serait-ce, si un gouvernement absolu, puissant par la vaste étendue de ses provinces, la
discipline de ses armées et le nombre de ses
soldats; à l'abri de toute convulsion politique
par la nature de ses institutions, et de toute invasion de système par le caractère de ses peuples,
introduisant dans ses relations diplomatiques un
mode inusité, stipulant, sans aucune confor-
mité de principes, pour telle opinion contre
telle autre, ici pour les novateurs, là contre les
innovations; que serait-ce si ce gouvernement
offrait son appui à une ris tocratie étrangère ?
De semblables liaisons seraient-elles sûres, autant pour cette aristocratie elle-même que pour
le prince dont elle croirait par-là défendre les
droits? Libre de se lier quand il le voudrait avec
des intérêts opposés, n'ayant chez lui aucune
réaction à craindre, ce gouvernement devrait
inspirer à tous de justes soupçons, par cela seul
qu'il pourrait toujours subordonner sa politique à
sa convenance. En se rappelant le génie et la
grandeur ambitieuse des créations de son fonda-
teur; en considérant sa rapide fortune, ses enva-

hissemens successifs, et jusqu'aux écarts pro-
phétiques de sa vanité (1), on doit être surpris
de voir ses voisins et ses alliés ne chercher aucune garantie contre tant de sujets de crainte, et
se reposer tranquillement sur la foi de quelques
considérations morales, telles que la magnani-
mité des sentimens du souverain, et son caractère de modération. Il est permis de croire qu'un
état de choses semblable n'offre pas les élémens
d'une longue sécurité. Lors même que des traités
antérieurs consacreraient une situation aussi
équivoque, il ne faudrait pas, au moment où
des faits irrécusables décèlent le développement
prochain de dangereuses combinaisons, il ne
faudrait pas renoncer aux précautions les plus
ordinaires, et se livrer à leurs résultats avec une
aveugle résignation.

Peut-être les faits que nous venons d'établir
ne paraîtront pas suffisans, et nos inductions
assez concluantes, pour prouver les déviations
successives du cabinet de Londres, la perte de
son influence, et son exclusion des affaires du
continent. Le mérite de nos assertions dépend
en effet de la considération suivante : en regar-

____

(1) L'arc triomphal érigé à Cherson, lors du voyage de
Catherine II en Crimée, avec cette inscription :
« C'est ici le chemin de Byzance. »

dant l'exécution des desseins de la Russie comme imminente, la guerre d'Orient inévitable, et l'Angleterre intéressée à s'y opposer, le ministère anglais parviendra-t-il à trouver des auxiliaires ? Si dans cette lutte le continent lui fournissait des alliés dont les forces parussent capables de balancer les chances de la guerre, il est évident alors que les événemens pourraient amener telle circonstance plus ou moins favorable au rétablissement de son crédit. Corrigé par l'expérience, connaissant mieux ses amis et ses ennemis, il parviendrait peut-être, au moyen d'un système plus raisonnable, à replacer l'Angleterre au rang que lui assignent naturellement sa position insulaire et sa supériorité maritime, celui de modératrice des intérêts européens, de gardien de la paix publique. Sur quels alliés peut-elle compter ? C'est la question que nous allons examiner, en continuant l'analyse de la politique des deux cabinets de Londres et de Pétersbourg.

L'histoire de toutes les guerres dont l'Europe moderne a été le théâtre, fait voir, à quelques exceptions près, dépendantes de circonstances passagères, l'Autriche constamment unie à l'Angleterre, et toujours prête à s'armer pour sa querelle. Le souvenir encore récent de la domination française en Allemagne nous rappelle le cabinet de Vienne guidé par celui de Londres, le baron de Thugut obéissant à Pitt, et l'empereur François, malgré ses revers multipliés, entrant contre son propre gendre dans une dernière coalition qui avait encore l'Angleterre à sa tête. Cette alliance était naturelle. L'Autriche voulant dominer en Allemagne et en Italie, trouvait sans cesse la France en opposition devant elle. Dans la lutte de ces deux prétentions, l'Angleterre ne pouvait hésiter: plutôt que de laisser la France franchir les Alpes ou le Rhin, elle eût mis le continent aux pieds de l'Autriche. Que ces dispositions naquissent d'une concordance de leurs intérêts, ou cette concordance de leurs dispositions réciproques, une parfaite harmonie régnait entre les deux cabinets, lorsque les affaires de Naples vinrent menacer de la troubler.

La révolution opérée dans le gouvernement napolitain, à l'imitation de ce qui s'était passé en Espagne, fit craindre à l'Autriche que la contagion ne gagnât ses possessions d'Italie. Dans l'embarras où la mettait cette situation qu'elle n'avait pas prévue, elle dut être agréablement surprise de la facile condescendance de son plus puissant allié. Mettant généreusement de côté toute jalousie, la Russie ne consentait pas seulement à ce qu'une armée autrichienne occupât la péninsule transalpine, mais confirmant par une sorte de manifeste le droit que s'arrogeait le cabinet de Vienne, elle s'offrit de l'aider comme auxiliaire, menaçant d'agir offensivement, et d'envoyer, s'il le fallait, une armée russe pour appuyer l'invasion. Le danger était sans doute moins grand qu'on n'affectait de le répandre; la France offrait sa médiation, et proposait des modifications analogues à ses institutions nouvelles; mais ceux qui les premiers avaient conseillé l'emploi de la force savaient d'avance quel ascendant devait leur donner dans le cabinet de Vienne cette préférence accordée aux moyens violens. Quel coup d'autorité allait frapper l'Autriche! quel retentissement il devait avoir! et puis, peu ou point de résistance probable; une conquête facile; une occupation avantageuse : car quoiqu'on sût à quoi s'en tenir sur les moyens de défense de l'armée napolitaine, il fallait exagérer au dehors les dangers de l'expédition, afin de rendre plausible un grand déploiement de forces, et, dans le secret des communications, présenter l'occupation comme un moyen qu'offrait la fortune de concilier la politique de l'Autriche avec ses vues d'économie, en rejetant sur Naples l'entretien d'un plus grand nombre de troupes. Cet avantage immédiat décida la cour de Vienne; elle fut moins frappée (si toutefois elle y songea) de l'incon-

vénient plus éloigné que pouvait avoir la dis-
traction d'une portion considérable de ses forces, à une telle distance.

L'Angleterre, placée entre deux considérations
fâcheuses, celle d'une opposition décidée qui lui
eût aliéné l'Autriche sans l'arrêter dans son projet, et une adhésion dont les suites pouvaient un
jour être préjudiciables pour elle même, mais qui
dans ce moment sauvait à son amour-propre un
aveu pénible, celui de l'inutilité deson intervention, l'Angleterre consentit à l'invasion de Naples,
et perdit, non l'affection d'une ancienne alliée,
mais les moyens d'en tirer parti. Dès ce jour,
l'Autriche se constituait en état d'hostilité per-
manente contre les peuples italiens, et neutralisait
de la sorte la moitié des forces de sa monarchie.

Il est une vieille maxime qui veut que l'acte
qui n'a pas d'autres motifs apparens soit attribué
à celui auquel il est profitable. Dans la question
de l'Europe, l'acte est ici l'état précaire de l'Autriche. A qui profitera cette situation dans laquelle on l'a mise? si la guerre éclate en Orient,
sera-t-elle en mesure de se maintenir dans la
ligne de ses véritables intérêts? aura-t-elle une
armée respectable sur sa frontière de Hongrie?
uneautre sur celle de la Gallicie ? Si elle ne le
peut sans dégarnir l'Italie, n'est-il pas à craindre
que la considération des dangers d'une évacua-

tion ne l'emporte sur toute autre? ainsi, d'abord simple spectatrice des événemens militaires, elle se verrait bientôt à la merci de toutes leurs conséquences.

Nous en avons dit assez, ce nous semble, pour prouver, que la paix publique ne dépend pas, comme cela devrait être, d'une sage combinaison des intérêts de tous; que, nonobstant la gravitation des autres puissances, la Russie et l'Angleterre sont deux centres de mouvement, entraînant ensemble dans leur sphère d'activité tous les intérêts Européens. Que ces deux mouvemens tendent par leur nature à prendre des directions opposées, et qu'une telle opposition ne saurait avoir d'autres résultats que le rétablissement d'une domination qu'on a eu tant de peine à détruire. Que si l'on objecte que l'Allemagne serait au besoin un boulevard contre les desseins du Nord, comme naguère elle fut d'un puissant secours dans la délivrance de l'Europe, nous répondrons que les temps sont bien changés; que la Prusse qui partagea avec l'Angleterre les dangers de Waterloo, s'est mise dans l'impuissance de rassembler sans péril pour son gouvernement (si ce n'est peut-être dans l'intérêt immédiat du pays) une armée dont les succès ont affaibli la discipline, qui, enrôlée par l'enthousiasme d'une noble cause, n'a rien perdu de l'exaltation de ses sentimens, ni rien oublié des promesses qui lui furent faites. Là aussi ont germé des semences fécondes, et la politique y trouverait ce qu'elle a semé. Les positions équivoques se décèlent d'elles-mêmes Quel spectacle a donné la Prusse dans les discussions de tant de congrès? Sans doute elle a toujours opiné en connaissance de cause quand il s'est agi des intérêts du pouvoir, et ne s'est jamais montrée la dernière à les faire prévaloir chez elle; mais, indifférente en quelque sorte à tous les actes faits en nom collectif, elle a paru marcher derrière la Russie, adhérant à ses vues, servant sa politique, dans l'attitude d'un vassal envers son suzerain (qu'on nous pardonne cette expression, qui n'est qu'une figure) plutôt que dans celle d'un souverain indépendant envers son allié. D'ailleurs, dans une guerre où s'engagerait aujourd'hui l'Allemagne, l'union germanique n'est pas cimentée à ce point qu'on ne dût s'attendre à des divergences. Or en ce cas, si l'on calculait la puissance militaire de la Prusse, il faudrait en déduire (abstraction faite de toute autre considération) le désavantage d'avoir à défendre des possessions qui s'étendent de la rive gauche du Rhin jusqu'à la Vistule. Grave sujet de réflexion, pour le dire en passant, sur ces extensions peu naturelles, qui dépassent toutes les proportions d'une position

géographique. L'avenir fera voir si des prolon-
gemens aussi facilement vulnérables ont rempli
les vues de la politique, qui devait vouloir nécessairement rendre plus forts les états dont elle
agrandissait le territoire.

Ainsi, lorsque Vienne et Berlin attendront en
silence que les destins s'accomplissent sans pouvoir prendre part aux événemens, oserait-on
compter sur d'autres résistances? En Allemagne,
nous venons de l'indiquer, il n'y a ni concordance dans les vues, ni harmonie dans les intérêts. Certaines liaisons ont fait concevoir dans
certaines cours telles espérances, qu'il n'y aurait qu'une influence étrangère à celle du corps
germanique qui pût les réaliser.

Qu'espérer des Pays-Bas? Cette monarchie
récente, composée de provinces que la conquête avait réunies à la France, parut destinée
à surveiller la frontière du nord d'une puissance
contre laquelle l'Europe croyait ne pouvoir trop
multiplier ses moyens de défense. On a vu, par
ce qui précède, si cette puissance est celle qui
doit inspirer le plus d'ombrage. Quoique maint
exemple ait prouvé que la politique sait se mettre
au-dessus des intérêts de famille, cependant
les liens contractés depuis quelques années par
la maison d'Orange nous portent à croire que
la Russie dirigerait le cabinet de Bruxelles. L'ar-

mée des Pays-Bas, en menaçant les provinces rhénanes de la Prusse, n'exercerait pas une médiocre influence sur les déterminations du cabinet de Berlin : ainsi s'expliquerait cette modération d'une grande puissance qui ne prenant rien pour elle, a cependant balancé avec tant d'habileté les aggrandissemens auxquels elle a consenti, que toutes ses concessions son devenus autant de présens funestes.

Nous ne dirons rien de la France ni de l'Espagne. Dans le rapport de ces deux puissances avec le reste de l'Europe, chacun sentira qu'il y aurait beaucoup à dire de la première, et très-peu de la seconde, quelqu importance qu'on s'efforce de lui donner. Mais ces considérations, ainsi que nous l'avons annoncé, ne s'appliquant qu'aux seules combinaisons de l'équilibre européen, tel que l'a constitué la Sainte-Alliance, et la situation intérieure de la France et de l'Espagne, n'ayant pas jusqu'à présent contribué à les replacer l'une et l'autre au rang qu'elles doivent naturellement occuper dans un système raisonnable de pondération, nous renvoyons la discussion de leurs intérêts politiques à un ouvrage plus étendu, dans lequel nous examinerons, non plus les seuls rapports de quatre puissances entre elles, et leur action sur le reste de l'Europe; mais l'Europe elle-même dans l'universalité de ses rapports ; ceux d'état à état, et de chacun avec tous ; ceux encore de chaque nation avec son gouvernement respectif.

Que si l'on s'étonne de ne rien trouver ici touchant la Grèce, dont le sort inspire aux ames généreuses un si vif intérêt, nous dirons, que ses succès dans la plus juste des causes contrariraient la politique, autant qu'ils satisferaient l'humanité. Tel est, il faut le repéter sans cesse, le fruit amer que recuille l'imprévoyance. La Turquie est le seul rempart qui reste à l'indépendance de l'Europe, du côte de l'Orient. L'insurrection des Hellenes paralyse les forces de la Porte Ottomane, comme les mouvemens de Naples ont neutralisé celles de l'Autriche, comme les troubles de l'Espagne tiennent en échec l'armée dont disposerait la France, comme l'oubli de promesses solemnelles, à défaut de causes antérieures, rend dans le nord de l'Allemagne tout mouvement militaire difficile, pour ne pas dire dangereux. Les Grecs sans doute ne seront pas exterminés ; mais, il faut le dire, la Grèce divisera l'Europe, et un motif noble, généreux, humain, sera le prétexte d'une guerre devant laquelle la politique recule d'effroi, mais qu'elle est coupable de n'avoir pas prévu.

CONCLUSION.

Ce qu'on vient de lire n'est que l'appréciation des faits qui ont amené, et qui constituent notre situation.

On doit dès aujourd'hui prévoir l'issue du congrès, et la marche que la force des choses tend à imprimer aux événemens.

Les négociations de Vérone sont un moyen dilatoire mis en avant par la nécessité d'ajourner, d'un côté, un système d'aggression, de l'autre, un système de défense.

Quoiqu'il en soit, ni le congrès, ni les matières qu'on y doit traiter, ni les résultats qu'il peut avoir, ne sont la question de l'Europe. Elle n'est pas non plus dans l'alliance fictive de quelque puissance, ni dans la discussion spécieuse de telles doctrines favorables ou contraires au pouvoir. Elle est cette question de l'Europe, *immédiatement dans les vices de son organisation sociale, et médiatement dans les vices de son équilibre politique.*

DE L'IMPRIMERIE DE P. DUPONT, HOTEL DES FERMES.

www.ingramcontent.com/pod-product-compliance
Lightning Source LLC
Chambersburg PA
CBHW061121050726
47594CB00005B/2041